AF208617

Berta Martín de la Parte

LA EMOCIÓN DEL INSTANTE

Berta Martín de la Parte

La emoción del instante

© 2022 Berta Martín de la Parte

© Imagen de portadilla y cubierta: Berta Martín de la Parte

© Corrección: Rocío León Fernández

ISBN: 978-3-7562-9461-9

Herstellung und Verlag: BoD – Books on Demand,
Norderstedt

A mi hijo Diego. ¡Qué sería la vida sin la capacidad de emocionarse!

Introducción

Los poemas se escriben regularmente en verso, pero en ocasiones también en prosa. En cualquier caso, ambas son expresiones líricas que buscan la belleza y su manifestación a través de la escritura.

En este libro encontrará el lector metáforas, ritmos adaptados o dependientes de las emociones sentidas, combinando los instantes sonoros, visuales y táctiles. En definitiva, esa individualidad musical de las palabras.

Al leer un poema, cada lector lo interpreta a su manera; la emoción de la melodía le suena diferente. Pero, en cualquier caso, cada verso deja siempre impresa una nueva huella.

El novelista, dramaturgo y letrista brasileño Paulo Coelho escribió: «No podemos dejar nunca que cada día parezca igual al anterior, porque todos los días son diferentes. Presta atención a todos los momentos porque la oportunidad —el instante mágico— está a nuestro alcance».

Deseo que la lectura de *La emoción del instante*, se convierta en uno de esos mágicos momentos. O como escribo en el borrador de la contraportada: «El contenido de este poemario es una colección de instantes. Cada lector los interpretará a su manera, provocando individuales emociones. Deseo que ustedes, a través de su lectura, disfruten de *mágicos momentos*».

Berta Martín de la Parte

Desordenando la lógica

Si al atravesar la niebla,

de tus ojos,

me encontrara con un halo de vida,

el tuyo,

me pondría tan contento;

y respiraría,

tu aire.

Rebuscaría entre los arbustos,

de tu cuerpo,

piedras preciosas,

cantos rodados,

por los que tú pisas,

y bebería las gotas,

acuosas,

de tu boca.

Si al atravesar la claridad

de la mañana,

me topara con el incógnito

de tu pensamiento,

invadiría con vehemencia
tus sueños.

Rasgaría los velos tupidos
de tu cuerpo,
desordenando la lógica
de tus rubores,
liberando las pasiones.

¡Las tuyas y las mías!

Campanillas de invierno

Que caigan los copos de nieve
sobre este asfalto,
en donde el último año
tantas lágrimas
regaron sus guijarros.

Si te asusta lo incierto,
la inclemencia de la discordia
confundiendo la mudez de miedos,
deja florecer los recuerdos de la verdad,
con tiernos y cálidos abrazos de ternura.

Que caiga la nieve a modo de cascada,
engalanando el paisaje con su polvo blanco.

Es un poco pronto,
el invierno está recién iniciado,
pero las campanillas de invierno
ya están brotando.

¡Las miro y veo esperanza!

Arropados en los versos

Me dejo arropar
por las alas de la ilusión.
Entre sus plumas
acojo tus ansias y fantasías.

Alzo el vuelo
hacia tu rincón secreto.
Me sumerjo,
en la rima de tu universo,
sobrevolando el esfuerzo
de la prosa libre.

Te quiero, me quieres.
Me odias, te adoro.
Me tocas, te beso;
mientras con aleteos de mariposa,
bañados en la escala de colores,
humedecemos nuestros «te quiero».

Me buscas, me encuentras.
Te pierdes entre mis abrazos.

Te siento ligera, casi abandonada.

Te cuesta escribir

para dedicarme unos versos.

Renuncias, te retraes.

Te excusas,

detrás de los miedos.

Te quiero, me quieres.

¡Tú, mi vida!

¡Yo, la tuya!

Palomares de Castilla

Me gustaría ser una paloma,
como la paloma de ayer,
para poder regresar al palomar,
aunque no pare de llover.

Palomares de los pueblos castellanos.
Espacios cerrados al exterior,
llenos de huecos de nidales.
Para mí quiero un nidal.
Un nidal que sea solo mío.

Como aquel de mi niñez,
al cual siempre regresaba,
en los atardeceres,
después de volar sobre los trigales

¿Y ahora qué?
¡Ya no tengo un nidal!
¡Ni trigales desde donde regresar!
¿En que estaría yo pensando
cuando abandoné mi palomar?

Miré el amanecer

He dejado de resistirme al olvido.
Miré el amanecer,
estaba impresionante.
Me fijé en el tono sonrosado
de la enorme nube,
abrazando, todopoderosa, el horizonte.

Qué ingenioso es el tiempo.
Cuántas experiencias hermosas dibuja.
Me pregunté en qué lugar
comenzó a dar las primeras pinceladas.

En qué signos se inspira,
hasta elegir la oportuna policromía.
¿Será que al despertarnos nos huele?
¿Será que él nos siente,
y a cada uno nos lo muestra diferente?

¡Obsesionado!

Me encierras cada noche,
obsesionado, ¡como un loco!,
en el jardín silencioso
de los ladrones de sueños.
Abandonada, en la oscuridad,
a las caricias de la luna.

En las madrugadas,
sobre los poros de mi piel,
reposan gotas de rocío,
anhelantes,
a la espera de tu boca.

Vida

La vida es un regalo,

que se nos regala,

para disfrutar del tiempo.

Aunque sea el tiempo,

el que nos roba la vida.

Te quiero

En algo hay que ocupar el tiempo.
Hoy dedicaré el día
a decirte muchas veces
cuánto te quiero.

En este atardecer

Se ha posado una mariposa en el alfeizar.
Detiene su vuelo, se queda quieta.
Parece contemplar la caída de la tarde.

El atardecer está ruborizado, sonrojado.
¿Será porque el amanecer fue tan hermoso?

La mañana nos regaló aromas de frescura,
con amagos de rayos de sol,
pincelando las flores amarillas del arándano.

Se inició la tarde,
deshojando los pétalos blancos
de las últimas margaritas.

Y es ahora, en este atardecer
lleno de colores dorados,
cuando los falsos girasoles se giran,
un poco cansados.

Hoy el atardecer está arrebolado.
Se ha bañado en un ramo de flores de otoño.

Sinceridad

Si deseas sincerarte, no sueñes.

Debes estar preparado, sin límites,

para no ser escuchado;

por todos, o quizás por alguno.

Oídos sordos.

Uno, entre todos, solitario,

que te quiera, sin prejuicios;

amándote sin fronteras,

te prestará atención, paciente.

Si deseas sincerarte, no dudes.

Comienza a hablar sin tapujos.

Con voz templada, segura.

Sin tono de súplica, sin rodeos.

Después, no te sorprendas.

Aún sin ser escuchado, dolerá.

Pero te sentirás más libre, al vuelo.

Más tú mismo, preparado.

Los ojos que no todo lo ven

Los ojos que no todo lo ven son aquellos;

esos que cierran sus párpados,

demasiado rápido,

por el peso de las tristezas.

No es lo mismo,

no es usual,

amar por amar.

Pero eso es lo que hay.

Es divertido observar,

ocasionalmente,

a la gente de la calle.

Sus rostros, sus gestos.

Poder fantasear,

y adivinar las historias

que moldean sus espaldas.

Los ojos que no todo lo ven;

preludios sin presentes,

ni pasados,

exentos de notas musicales
para componer su futuro.

Amar por amar,
evitando el compromiso,
cerrando los párpados
por el peso de la pesadumbre.

Y recé

Él.

Es atento, simpático.

Engatusa.

Bien parecido, ameno.

Embelesa.

Sabe camelar a los amigos,

y cortejar a las féminas.

Como ninguno.

Pensó que yo ya había conciliado el sueño.

Lo dejé acercarse.

Pero le delató el olor que despedía,

y sentí un escalofrío.

Permanecí inmóvil.

La cabeza reposada sobre la almohada.

Escuché: «Te quiero, vida mía».

Sonando a dulce arrullo;

y su olor se intensificó tanto,

que me ahogué de miedo,

y recé mientras él se reía.

He aprendido

He aprendido a dejar dormir los sentimientos
y los pensamientos profundos.
Impiden pensar con claridad.

He aprendido a reconstruir el pasado;
sin ansias y sin prisas
que enturbien el entendimiento.

Me he vuelto más serena,
y he olvidado el paso del tiempo.
Sé que es un engaño, pero a mí me gusta.

Me cansé de permanecer en el pasado,
olvidando mi presente.

Ninguna fotografía

Hoy no quise hacer ninguna fotografía.
Pensé que no era el día ideal.
El sol relucía sobre las gotas de rocío,
pero tú ya no eras el mismo de ayer.

Sin observarte

De no ser porque no me siento culpable,

lo primero que me llamaría la atención,

sería pasar el resto de la noche,

antes de que la velada termine,

sin observarte.

Ella puede creerlo,

pero todavía lo desconoce.

Nuestro amor depende de ella.

Fíjate en mí, solo una vez,

y seremos el uno para el otro.

Perfección

Cuánta perfección en aquella boda.
Recuerdo que hacía mucho calor,
parecíamos un enjambre,
todos tan juntos.

Ya es de noche.
El ocaso sucedió hoy
demasiado deprisa.

Ahora que las perseidas
iluminan nuestro lecho,
nos buscamos sin encontrarnos.

Todo un deleite

Se miró las zapatillas,
esas de cuadros escoceses.
Movió los dedos de los pies, y sonrió.

Se ajustó el cinto de la bata,
esa de andar por casa.
Movió la cabeza a ambos lados,
y se paró.

Cerró los ojos,
ausentándose de las paredes cotidianas;
esas que abrazan,
que aprietan demasiado,
que ahogan,

Exhaló un suspiro,
a modo de lamento.
Deseó estar en la barra de un bar,
en libertad de pensamiento,
impaciente, pincelando,
con aquel que en la distancia la observa.

Qué sabrosura, todo un deleite,

todo un gozo, derritiéndose

en una copa de piña colada,

regada con sirope.

El olvido

De serena quietud,

y paciencia,

se alimenta el recuerdo.

No espera nada,

no piensa en el mañana,

sencillamente permanece detenido,

procurando con silencios

ocultar en el olvido

cada uno de los gestos.

¡Sobrevolando tus espacios!

¿Cómo podría conseguir abrazarte,

evitando tocarte?

¿Cómo debería ocultar mis deseados abrazos,

por encima de ti?

Tal vez en las gotas del rocío, por la mañana.

Y en el polvo fugaz de las estrellas, al atardecer;

esas, los luceros del universo,

inaccesibles para las aves.

También podría elevarlos,

por encima de ti,

escondidos entre los sueños,

los tuyos.

En los vapores de las nubes,

suspendidos,

sobrevolando tus espacios.

Tal vez debería disfrazarlos

en la paleta de tres colores

de los cristales de un caleidoscopio.

Y dejar que tus manos los acariciasen,

sin ser tú, mi amado,

consciente de su secreto,

hasta lograr cautivarte con su poder invisible.

¿Cómo podré sostener mi alma,

de tal manera que no toque la tuya,

impidiendo el roce de la silueta de tu cuerpo,

y no morir de amor?

El bostezo del verso

La última noche soñó con un mar de poemas,
cuyos versos azotaban una costa escarpada de rimas,
inspiradas en suspiros encendidos,
entonando melodías poéticas.

Se dejó bañar por la espuma de versos luchadores
que día y noche campan por dejar libre
el ardor de ansias deseadas.

De repente, le habló un verso
a punto de desprenderse del resquicio de una rima.
Le susurró palabras palpitantes de cansancio.
Le acarició los oídos con aromas de flores,
que crecían bellísimas en el fondo del mar de poemas.
Le derramó caricias y atrevidos deseos.
Le colmó de halagos envueltos de sal y arena.

Y le surgió al verso un bostezo
iluminado por un inocente rayo de luna.
El poeta, tumbado sobre la arena de la playa,
inspirando lentamente en busca de nuevas odas,

se sintió tranquilo, liviano.

Por fin el verso deseaba descansar,

como todas las cosas.

Una canción de amor

¡Qué curioso!
Hoy quedé embelesada,
fascinada, casi paralizada.

Por primera vez,
deseé dejar de ser yo misma
para poder componer
bonitas canciones de amor
dedicadas a las mujeres.

Como esas de los cantautores,
de letras engalanadas,
de notas melodiosas,
escritas con intensidad,
de piel con piel.

Dejando trazos de su espíritu,
de sus alientos de poetas;
respirando los deseos femeninos,
despertando los anhelos placenteros,
hasta lograr alcanzar el clímax,

ese tan maravilloso y gozoso,

que une almas dispares.

¡Qué curioso!

Hoy quedé cautivada,

escuchándole,

alegrando mis ojos,

dos tristes luceros.

Me lo imaginé

arribando a mi espera,

como si yo fuera una sirena.

Jugueteando con mis lágrimas,

ubicadas en mi pentagrama,

tejido de ansias y deseos.

¡Qué curioso!

Te espero, deseándote,

para que te conviertas

en el único amante de mi vida.

Permitiendo que te adueñes de mis penas;

Modelándolas, poquito a poquito,

esculpiendo, roce a roce,

caricia a caricia,
hasta convertirme en una obra perfecta.

Encendiendo mis versos escondidos.
Navegando en un barquito de vela,
impulsado por vientos sutiles.
Muy juntitos.

Besándonos el piquito,
como aves del paraíso,
sobrevolando, allá a lo lejos,
el arco iris.

¡Qué curioso!
Te imagino danzando,
a mi lado,
sobre sendas de nubes de azúcar,
endulzados,
corazón con corazón.

Yo no codicio de ti un soneto,
que encienda de nuevo mis semillas de agua;
simplemente ¡emocióname!,
¡susúrrame una canción de amor!

Inventando el beso

Hoy se ha despertado el Sol un tanto inquieto.
Un pensamiento muy curioso le preocupa.
Soñó que era la Luna, y le había gustado.

Sintió envidia del astro que domina las mareas,
del amor que, por ella, sienten los poetas.
del temor que infunden sus silencios.

Sintió celos de la Luna llena,
siempre saludando a las estrellas.
De la quietud de la vida
cuando el astro se ilumina.

Ella que regala noches de amor,
procura que los suspiros humedezcan los deseos.
Acaricia las noches,
con hechizos de brujas y ocultos aquelarres,
despertando en los amantes pasiones ocultas.

Hoy, mientras la Luna se engalanaba,
se sintió traviesa.
Fue consciente de un extraño desasosiego.

Por un instante, ¡quiso ser el Sol!

La Luna admiraba los amaneceres.
Se quedaba embobada contemplándolos.
Disfrutando de los lienzos pintados,
con difuminados colores,
retozando sobre el aroma de las perlas del rocío.

Extasiada con el brillo esplendoroso y radiante
de los ríos de la vida coloreados de plata.
De las risas de los niños.

De la sensualidad de los amantes,
a esas horas,
en el encuentro de sus sueños compartidos.
Impregnando, susurrando al viento,
un amor eterno.

Ha llegado el momento,
ese que ambos astros esperaban.
En el punto álgido del eclipse,
sin dilación se miran,
¡inventando el milagro del beso!

¡No sé dónde!

Con el paso de los años,

y disfrutando de los versos,

se me pasa el tiempo;

con el convencimiento de que,

sin ser consciente de ello,

alguien, allá, no sé dónde,

me tendrá muchísimo cariño,

y me estará dedicando un pensamiento.

¡Tan poco!

Tomemos asiento.

Detengámonos.

Démonos tiempo.

¡Tenemos tanto que decir!

¡Y decimos tan poco!

La niña más feliz del mundo

«¡Yo quiero coger una estrella!»,
exclamó una niña rubia,
con largas trenzas,
de ojos azules claros,
de nariz chata y respingona,

Con tanta ilusión lo pedía,
que una estrella cercana
se compadeció de ella.

Bajó rauda, como una centella,
para posarse en la mano de ella,
y le preguntó a la niña rubia,
con largas trenzas,
de ojos azules claros,
de nariz chata y respingona:
«¿Para qué quieres una estrella?».

Y la niña rubia,
con largas trenzas,
de ojos azules claros,

de nariz chata y respingona,

contestó a la estrella:

«¡Para viajar por el cielo!

y soñar, gracias a ello,

que yo también soy una estrella,

como las que veo por las noches.

Y subida sobre ti,

querida estrella,

agarrada fuertemente,

lanzaré mis sueños al viento.

Llenaré mi cesta de flores,

con multitud de especies.

Y gracias a ti,

seré la niña rubia,

con largas trenzas,

de ojos azules claros.

¡La niña más feliz del mundo!».

Me lanzaste un beso de enamorado

Me lanzaste un beso de enamorado,

allí,

en aquella estación de trenes,

parado,

en el andén de las despedidas.

¡Oh, dichoso atrevimiento!

Y lo sentí.

Pegando tus labios,

de fuego,

a los míos.

Introduciendo tu lengua,

impregnada con los efluvios

de la fuerza de la insolencia.

Recalando en mi puerto,

humedecido.

Perdiendo el aliento entre tus ímpetus.

Saboreándonos juntos;

con las papilas gustativas descubriendo

nuevas texturas de sabores,

fusionados,

en ese mágico momento.

Un beso, de piel de melocotón.

Apasionado, amoroso, delicado,

¡sabroso!

¡Todo fue tan pasajero, tan efímero!

Hace tiempo que tu rostro

se desdibujó de mis recuerdos.

Yo ya no te veo.

Te has convertido en algo etéreo.

Pero todavía me turba el roce de tu beso,

aquí,

sentada en el asiento de mi último tren.

Cometa

Mi vida fue una cometa de papel,
sujeta por el hilo del azar,
azotada por vientos indomables.
De acá para allá.
Descendiendo, levantándose,
A veces golpeada por el entusiasmo,
seducida por la insensatez.
Aterrizando en laderas,
ribazos y oteros.
Quebrada por los peñascos,
de la sensibilidad.

Mi vida fue una cometa de tela;
frágil, endeble,
bordada por resplandores,
tinieblas y sombras.
Sujeté tan fuerte el hilo,
el de la vida,
que conseguí mantenerla,
siempre en el aire.

Mi vida es una cometa de oro,
con reflejos holgazanes,
enfrascada en la fortuna,
con miles de ilusiones.

Mi vida es una cometa de experiencia.
Robusta, segura, feliz,
vibrante, sensata, con arrojo.
Pero no temáis, «queridos lectores»,
todavía no raya en la locura.

Tela de araña

Ella estaba predestinada,

al nacer,

para ser feliz.

Pero los halos de luz,

del destino,

la encarcelaron entre arbustos,

espinosos;

sujetos por eslabones,

de palabras mentirosas,

por los que resbalaban sus lágrimas de rubíes.

Ella se dejó morir,

abrazada a su tela de araña,

y, por fin, fue feliz.

¿Qué pasará cuando yo ya no esté?

¿Qué será de los días en los que dejé vagar mi
pensamiento?
¿Alguien recordará que estuve aquí?
¿Por qué no?
Al fin y al cabo, no fui tan mala persona.

¿Qué será de mí en ese mundo que predicen tan
oscuro?
¿Habrá tinieblas como vaticinan?
¿Será todo tan terrible como lo cuentan?

Tal vez mi espíritu logre alcanzar otra dimensión.
Esa que dicen es el lugar más bello de la existencia,
donde todas las especies conviven en armonía,
donde las flores permanecen siempre exuberantes y
frescas,
donde el aire que se respira es como un bálsamo de
cariño.

¿Qué será de mí cuando ya no esté aquí?
¿Qué será de mi alma?

La que a veces me duele tanto,

arrebujada como un ovillo,

arrimándose a mi pesadumbre.

¿Qué pasará cuando yo ya no esté?

¿Alguien recordará que estuve aquí?

¿Por qué no?

Al fin y al cabo, no fui tan mala persona.

Cuando me vaya,

quiero que cubran de rosas

el camino que pisé por última vez.

Rosas rojas,

de la tonalidad más intensa.

Y que planten claveles,

muchos claveles.

No sé por qué, pero a mí me encantan.

Por favor, plantad flores por mí.

Y si la tierra está muy seca,

regadla con lágrimas de alegría,

de esas que se deslizan por las mejillas,

con sabor a miel y sal;

que provocan cosas buenas,

como el tierno beso de un niño.

Dicen que si se riegan los campos

con los aromas del viento,

puede que crezcan amapolas

blancas, amarillas y azules.

Dicen que si se bañan los campos

de colores del mar,

los pájaros vuelan más alto,

jugando con imaginarias nubes

acariciando sus plumas,

con acentos de amor y aventura,

elevando el vuelo hacia un cielo

que se junta con el universo.

Si me voy sin poder despedirme,

no sintáis pesar por mí.

Estad seguros de que me iré sin reproches,

llena de satisfacción por vuestro cariño y amor.

Os quiero.

Gracias por haber sido parte de mi vida.

Nueva primavera

El día amaneció soleado,
la claridad inunda la mañana,
de esta nueva primavera.

A lo lejos, allá en la montaña,
se ve un manto de niebla,
protegiendo los pastos y arboledas.

El aire trae un sonido de tintineos,
notas musicales del alegre despertar
de los primeros brotes florales de los castaños.

Mientras, los almendros,
ya casi todos en flor,
dan un delicado, sutil y aromático
toque de color a toda la composición.

Hoy me pondré un vestido palabra de honor.
Largo, de flores.
El día lo merece.
Que me proteja de malos augurios,
que deje mis hombros al descubierto;

para que el aroma del viento los cubra,

los perfume,

y mi piel se convierta en tacto de terciopelo.

Para que mi amado los acaricie.

Le pediré muchos besos,

de toda clase: besos tiernos,

besos amorosos,

besos de entrega incondicional.

besos apasionados,

besos lujuriosos,

Para terminar con besos llenos de felicidad.

Hoy recibo esta nueva primavera,

y te digo: «¡amor!», y tú sonríes.

Te digo que te quiero, y tú sonríes.

Hoy es el momento adecuado

de decirte que tú eres mi vida.

Me susurras al oído provocando deseos.

Nos miramos a los ojos,

y simplemente hablamos en silencio,

el lenguaje del amor.

Pétalos robados

No sé si por la noche llovieron besos perdidos,
pero los trigales amanecieron
regados por multitud de amapolas.
Es tan hermosa la composición,
que me lanzaría a besar a cada una de ellas.

Lucen rojas,
cual carmín femenino,
provocativas,
con un sensual balanceo,
al ritmo de la brisa.
Parece que el aire anhela abrazarlas,
acariciarlas, protegerlas.

Si pudiera contarlas todas,
una por una,
el total sería el de tantos besos
que todavía nos quedan por dar.

«Amapola, lindísima amapola…»,
proclama una romántica canción

en la que los versos se convierten en melodía,

para arrullar a los enamorados.

Miro al frente, luego a la derecha.

Después atrás y a la izquierda.

Estamos solas, las amapolas y yo.

Sonrío y robo uno de tantos besos.

Me alejo,

no sin antes echar la vista atrás.

Nadie nota mi acción;

solo tú, al acariciar mi rostro de cielo,

con los pétalos robados.

¡Hoy todo el campo me ha sabido a beso!

ÍNDICE

Sobre la autora

Berta Martín de la Parte, nació en Valladolid (España) y reside desde el año 2000 en Heidelberg (Alemania). Se define como escritora y poeta que juega con el abecedario y los signos de puntuación. Colabora con la revista digital *ED Cultura Dos*. Participación literaria en *Diversidad Literaria*: *Ellas VI*, *Versos en el Aire XI*, *Inspiraciones Nocturnas VIII*.

Su primer libro *¿Historias verdaderas o falsas?*, publicado por Editorial Círculo Rojo en abril de 2021, ofrece al lector la oportunidad de introducirse en historias cuyos personajes y situaciones, escritas a modo de relato o cuento, no dejan indiferente al lector.

En esta ocasión, en su segunda publicación, nos presenta un poemario titulado *La emoción del instante*, con un total de treinta y un poemas, con los que la escritora nos invita a la lectura de su colección de instantes y disfrutar de esos *mágicos momentos*.